Niccolò Introna

Storia di un Eroe Bancario

Nolan Walker

Tutti i diritti riservati. Nessuna parte di questa pubblicazione può essere riprodotta, distribuita o trasmessa in qualsiasi forma o con qualsiasi mezzo, comprese fotocopie, registrazioni o altri metodi elettronici o meccanici, senza il previo consenso scritto dell'editore, tranne nel caso di brevi citazioni incorporate nelle recensioni critiche e in alcuni altri usi non commerciali consentiti dalla legge sul copyright.

Diritto d'autore © Nolan Walker, 2024

Summario

Introduzione

Niccolò Introna: un uomo di straordinario coraggio e integrità, la cui vita ha segnato profondamente la storia economica e politica dell'Italia del XX secolo. Attraverso le pagine di questo libro, ci immergeremo nel mondo complesso e affascinante di un uomo la cui dedizione al suo paese e alla sua missione ha influenzato il destino di intere nazioni.

Nato il 13 maggio 1868 a Bari, Italia, Niccolò Introna ha trascorso la sua giovinezza in un contesto di nobiltà decaduta e prosperità economica. Sin da giovane, mostrò un talento straordinario per la finanza e una passione per l'eccellenza professionale. Dopo aver conseguito il diploma di contabile nel

1886, Introna si unì alla Banca Nazionale del Regno d'Italia, iniziando così una carriera che avrebbe segnato profondamente il suo paese e il suo popolo.

Il percorso professionale di Introna lo portò alla Banca d'Italia nel 1902, dove dimostrò rapidamente le sue capacità di leadership e il suo impegno per l'efficienza e l'integrità. Durante il suo mandato, Introna affrontò sfide significative, inclusa la gestione di indagini finanziarie complesse e il superamento di conflitti politici interni. Tuttavia, fu proprio la sua determinazione e il suo senso del dovere che lo resero una figura così rispettata e ammirata all'interno dell'istituzione bancaria.

Durante gli anni precedenti alla Seconda Guerra Mondiale, Introna si distinse per il suo impegno nel difendere le riserve auree italiane dagli attacchi dei nazisti. La sua leadership durante quei tempi tumultuosi testimonia la sua ferma volontà di proteggere gli interessi del suo paese, anche a costo della propria vita.

Dopo la guerra, Introna continuò a giocare un ruolo chiave nella ricostruzione economica dell'Italia, contribuendo a stabilizzare il sistema finanziario del paese e a promuovere la crescita economica. La sua dedizione e il suo impegno a servire il suo paese rimasero invariati, anche quando affrontava ostacoli e critiche.

Questo libro è un tributo alla vita straordinaria di Niccolò Introna e al suo impatto duraturo sulla storia italiana.

Attraverso la narrazione della sua vita e delle sue imprese, speriamo di onorare il suo legato e di ispirare le future generazioni a perseguire l'eccellenza e a servire con integrità e dedizione.

Un viaggio attraverso la vita di Niccolò Introna è un viaggio attraverso la storia stessa dell'Italia. Speriamo che questo libro possa illuminare la sua vita straordinaria e la sua eredità duratura per tutti coloro che cercano di capire il passato del nostro paese e di plasmare il suo futuro.

Capitolo 1: Anni Giovanili e Formazione

Sezione 1: Nascita e Background Familiare

Niccolò Introna nacque a Bari il 13 maggio 1868, figlio di una famiglia benestante con nobili origini ormai estinte. Fin dalla giovane età, mostrò un'intelligenza vivace e una curiosità innata, segnando il suo percorso verso una carriera di successo nel mondo bancario italiano.

La famiglia di Niccolò Introna, sebbene non più nobili nella forma, mantenne comunque un certo prestigio nella società baresiana. Crescendo in questo ambiente, Niccolò fu esposto fin da piccolo a un'atmosfera di rispetto per la cultura e per la responsabilità sociale. Questi valori profondamente radicati nella sua famiglia avrebbero influenzato il suo futuro comportamento e le sue scelte di vita.

Tuttavia, nonostante il background privilegiato, la famiglia Introna non mancava di instillare nei propri figli un senso di lavoro duro e di impegno. Niccolò crebbe in un ambiente dove l'educazione e la formazione erano considerate di fondamentale importanza, e fu incoraggiato sin da giovane ad applicarsi diligentemente agli studi.

Le origini nobili della famiglia di Niccolò lasciarono un'impronta indelebile sul suo percorso di vita. Anche se le ricchezze e i titoli nobiliari erano ormai parte del passato, l'eredità della famiglia Introna continuava a influenzare il giovane Niccolò, spingendolo ad aspirare a grandi traguardi e a un alto livello di realizzazione personale.

In conclusione, Niccolò Introna nacque in una famiglia che, pur non più nobili nella forma, conservava ancora un certo prestigio e una forte eredità culturale. Cresciuto in un ambiente di rispetto per la cultura e di impegno per l'educazione, fu incoraggiato sin da giovane a perseguire l'eccellenza e a mettere a frutto le proprie capacità per il bene della società.

Sezione 2: Percorso Formativo e Primi Passi nella Carriera

Niccolò Introna nacque il 13 maggio 1868 a Bari, in una famiglia benestante con radici nobili ormai estinte. Fin dalla giovane età, Introna dimostrò un'intelligenza e una determinazione straordinarie che lo distinsero dagli altri. Dopo aver completato gli studi e ottenuto il diploma di ragioniere nel 1886, entrò a far parte della Banca Nazionale del Regno d'Italia come impiegato nell'ufficio estero. Questo ruolo gli permise di dedicarsi allo studio delle lingue straniere, in particolare l'inglese, il francese e il tedesco.

Il suo passaggio alla Banca d'Italia nel 1902 segnò l'inizio di una carriera di successo nel settore bancario. La Banca d'Italia, nata dalla fusione della Banca

Nazionale con la Banca Nazionale Toscana, la Banca Toscana di Credito per le Industrie e il Commercio d'Italia e dalla liquidazione della Banca Romana, offrì a Introna nuove opportunità di crescita e sviluppo professionale. Il suo primo incarico di rilievo fu la nomina a direttore della filiale di Lecce, dove dimostrò capacità manageriali e una profonda comprensione del settore finanziario.

Negli anni successivi, Introna ebbe l'opportunità di ampliare le sue competenze e la sua esperienza attraverso varie missioni e incarichi speciali. Nel 1906 fu inviato in Eritrea per valutare l'economia nazionale della colonia italiana e valutare l'opportunità di aprire una filiale bancaria. La sua missione si rivelò fondamentale nel comprendere le dinamiche economiche locali e stabilire strategie per l'espansione delle attività bancarie italiane all'estero.

Uno degli incarichi più significativi di Introna fu la sua partecipazione al consorzio siderurgico nel 1911. Fu chiamato a collaborare con importanti figure dell'industria e della politica per stabilire un consorzio tra le grandi industrie siderurgiche nazionali. Il suo contributo al successo di questa iniziativa fu riconosciuto e gli valse una promozione a capo dell'ispettorato, una posizione di grande responsabilità all'interno della Banca d'Italia.

Durante il suo percorso formativo e i primi anni di carriera, Introna dimostrò un impegno costante verso l'eccellenza professionale e una profonda dedizione al servizio pubblico. La sua abilità nel gestire complessi problemi finanziari e la sua integrità morale lo resero una figura rispettata e influente nel settore bancario italiano. La sua carriera precoce non solo lo preparò per sfide future, ma stabilì anche le fondamenta per il suo ruolo di leadership nella difesa e nel recupero delle riserve auree italiane durante la Seconda Guerra Mondiale.

Capitolo 2: Inizi della Carriera Bancaria

Sezione 1: Ingresso nella Banca Nazionale d'Italia

Niccolò Introna, nato a Bari il 13 maggio 1868, avviò la sua carriera nel mondo bancario con una determinazione e una passione che lo avrebbero portato a distinguersi come uno dei manager più influenti della sua epoca. Il suo primo passo significativo in questo percorso avvenne quando fu assunto dalla Banca Nazionale d'Italia nel 1886, dopo essersi laureato in contabilità. Questa opportunità rappresentava per lui non solo un'inizio nella vita professionale, ma anche l'occasione di mettere in pratica la sua dedizione al lavoro e la sua ambizione di eccellere nel settore finanziario.

Come giovane impiegato alla Banca Nazionale d'Italia, Introna dimostrò fin da subito una straordinaria competenza e dedizione al suo lavoro. Ricoprì il ruolo di impiegato nell'ufficio estero, dove ebbe l'opportunità di approfondire la sua conoscenza delle lingue straniere, tra cui l'inglese, il francese e il tedesco. Questo periodo fu cruciale per il suo sviluppo professionale, poiché gli permise di acquisire competenze linguistiche essenziali per la sua futura carriera nel settore bancario internazionale.

La sua abilità nel campo della finanza e la sua capacità di adattarsi a nuove sfide non passarono inosservate, e nel 1902 fu reclutato dalla prestigiosa Banca d'Italia.

Questa mossa segnò un punto di svolta nella sua carriera, poiché gli permise di entrare a far parte di un'istituzione di rilievo nazionale e di lavorare al fianco di alcuni dei migliori professionisti nel campo bancario italiano.

Il suo primo incarico di rilievo presso la Banca d'Italia fu la nomina a direttore della filiale di Lecce, dove dimostrò le sue capacità di leadership e gestionali. In seguito, nel 1905, fu promosso ispettore della banca, incarico che gli consentì di ampliare il suo campo d'azione e di assumere maggiori responsabilità all'interno dell'istituzione.

Durante il suo periodo di servizio presso la Banca d'Italia, Introna si distinse per la sua dedizione al lavoro e la sua capacità di affrontare sfide complesse con determinazione e risolutezza. La sua esperienza e la sua competenza nel settore finanziario lo resero una risorsa preziosa per l'istituzione, e la sua leadership ispirò fiducia e rispetto tra i suoi colleghi e collaboratori.

L'ingresso di Niccolò Introna nella Banca Nazionale d'Italia segnò l'inizio di una carriera illustre e di successo nel settore bancario italiano. La sua determinazione, la sua competenza e la sua dedizione al lavoro gli permisero di raggiungere traguardi significativi e di lasciare un'impronta duratura nel mondo della finanza italiana.

<u>**Sezione 2: Transizione alla Banca d'Italia nel 1902**</u>

Niccolò Introna, giovane e promettente, aveva già dimostrato le sue abilità nel settore bancario al servizio della Banca Nazionale nel Regno d'Italia. Tuttavia, il suo percorso professionale avrebbe conosciuto una svolta significativa nel 1902, quando fece il passaggio alla Banca d'Italia.

La Banca d'Italia, fondata nel 1893, rappresentava l'istituzione finanziaria più prestigiosa e influente del Paese. La sua missione era di regolare e supervisionare il sistema bancario italiano, nonché di emettere la valuta nazionale. Per Introna, entrare a far parte di questa istituzione significava affrontare nuove sfide e responsabilità, ma anche beneficiare di opportunità di crescita e sviluppo professionali.

Il passaggio alla Banca d'Italia fu il risultato di anni di duro lavoro e dedizione dimostrati da Introna durante il suo servizio presso la Banca Nazionale. La sua competenza nel settore finanziario e la sua abilità nel gestire compiti complessi attirarono l'attenzione dei dirigenti della Banca d'Italia, che lo accolsero con entusiasmo nella loro istituzione.

Una volta entrato a far parte della Banca d'Italia, Introna si immerse immediatamente nel suo nuovo ruolo con determinazione e impegno. La sua esperienza pregressa e la sua conoscenza del sistema bancario italiano si rivelarono preziose mentre si adattava alla cultura e alle procedure della nuova istituzione.

Introna iniziò a distinguersi per la sua capacità di analisi finanziaria e la sua attenzione ai dettagli. Fu rapidamente riconosciuto dai suoi superiori per la sua competenza e il suo impegno, e gli vennero affidate sempre maggiori responsabilità all'interno della Banca d'Italia.

La sua nomina alla Banca d'Italia segnò l'inizio di una fase significativa della sua carriera, durante la quale avrebbe contribuito in modo sostanziale alla crescita e allo sviluppo dell'istituzione. La sua transizione alla Banca d'Italia rappresentò un importante traguardo professionale e una testimonianza del suo impegno nel settore bancario italiano.

Con il suo ingresso nella Banca d'Italia, Niccolò Introna si pose sulla strada per diventare una figura di spicco nel panorama finanziario del Paese, con una carriera destinata a lasciare un'impronta duratura nel settore bancario italiano. La sua transizione alla Banca d'Italia nel 1902 segnò l'inizio di un nuovo capitolo nella sua vita professionale, caratterizzato da sfide stimolanti e opportunità di crescita senza precedenti.

Capitolo 3: Ascesa nella Carriera

Sezione 1: Direzione della Filiale di Lecce

Niccolò Introna, con il suo acume e dedizione al lavoro, raggiunse presto una posizione di rilievo all'interno della Banca d'Italia. Uno dei primi incarichi di responsabilità che gli fu affidato fu la direzione della filiale di Lecce, un compito che dimostrò essere cruciale per la sua carriera e per il futuro della banca stessa.

La nomina di Introna a direttore della filiale di Lecce avvenne nel corso degli anni in cui la Banca d'Italia stava espandendo la propria presenza a livello nazionale, ampliando il proprio network di filiali per servire meglio le esigenze economiche delle diverse regioni italiane. Lecce, situata nel cuore del Salento, rappresentava un'importante area economica per la regione e la nomina di Introna a capo della filiale testimoniava la fiducia che la direzione generale della banca riponeva in lui.

Introna affrontò il suo incarico con determinazione e competenza, dimostrando una profonda conoscenza delle dinamiche economiche locali e un'abilità nel gestire le relazioni con i clienti e le istituzioni locali. La sua leadership fu caratterizzata da una rigorosa attenzione ai dettagli e da un impegno costante per garantire l'efficienza operativa e la solidità finanziaria della filiale.

Sotto la guida di Introna, la filiale di Lecce registrò una crescita significativa nel volume di attività e nel numero di clienti serviti. La sua capacità di gestire con successo le sfide e le opportunità che si presentavano nel contesto economico locale contribuì al consolidamento della presenza della Banca d'Italia nella regione e alla sua reputazione come istituzione affidabile e autorevole.

Introna non si limitò alla gestione quotidiana della filiale, ma si distinse anche per il suo impegno nel promuovere lo sviluppo economico e sociale della comunità locale. Collaborò attivamente con le autorità locali, le imprese e le organizzazioni della società civile per identificare e sostenere progetti e iniziative che favorissero la crescita e il benessere della regione.

La sua leadership illuminata e il suo impegno per l'interesse pubblico gli valsero il rispetto e l'ammirazione della comunità locale, oltre a consolidare ulteriormente la sua reputazione all'interno della Banca d'Italia.

In conclusione, il periodo in cui Niccolò Introna ricoprì la carica di direttore della filiale di Lecce fu caratterizzato da successi significativi e contributi duraturi alla crescita e alla reputazione della Banca d'Italia. La sua leadership visionaria e la sua dedizione al servizio pubblico rimarranno sempre un esempio di eccellenza professionale e integrità per le generazioni future.

Sezione 2: Missione in Eritrea e Valutazione dell'Economia Nazionale

Niccolò Introna, con il suo percorso di successo presso la Banca d'Italia, si distinse non solo per le sue abilità manageriali e finanziarie, ma anche per la sua dedizione al servizio pubblico. La sua ascesa nei ranghi della banca lo portò a svolgere incarichi di grande responsabilità e rilevanza, tra cui la missione in Eritrea e la successiva valutazione dell'economia nazionale italiana.

La sua missione in Eritrea nel 1906 fu un momento cruciale nella sua carriera, offrendogli l'opportunità di esaminare da vicino l'economia di una colonia italiana e valutarne le prospettive future. In qualità di rappresentante della Banca d'Italia, Introna fu incaricato di condurre un'analisi dettagliata dell'economia eritrea e di valutare l'opportunità di stabilire una presenza bancaria nel territorio.

Durante la sua permanenza in Eritrea, Introna condusse una serie di indagini approfondite sul sistema finanziario locale, esaminando da vicino le attività commerciali, le risorse naturali e le opportunità di investimento. Attraverso incontri con funzionari governativi, imprenditori locali e rappresentanti della comunità, Introna acquisì una comprensione approfondita delle dinamiche economiche e sociali della regione.

La sua relazione finale sulla missione in Eritrea fornì una panoramica dettagliata della situazione economica e finanziaria della colonia italiana, evidenziando le sue potenzialità e le sfide che dovevano essere affrontate. Introna sottolineò l'importanza di sviluppare infrastrutture bancarie e finanziarie solide per sostenere la crescita economica e promuovere gli investimenti sia locali che esteri.

Il contributo di Introna alla missione in Eritrea non solo dimostrò le sue capacità di analisi e valutazione, ma anche il suo impegno verso il servizio pubblico e il progresso economico dell'Italia. La sua relazione e le raccomandazioni che ne derivarono ebbero un impatto significativo sulle politiche economiche e bancarie del tempo, contribuendo a plasmare il futuro sviluppo dell'economia italiana.

In conclusione, la missione in Eritrea rappresentò un importante capitolo nella carriera di Niccolò Introna, evidenziando la sua competenza e la sua dedizione al servizio della nazione. La sua valutazione dell'economia eritrea fornì un quadro prezioso per le decisioni politiche e finanziarie future, confermando il suo ruolo di leader nel settore bancario italiano e nel promuovere il progresso economico del paese.

<u>**Sezione 3: Leadership nel Consorzio dell'Acciaio del 1911**</u>

Niccolò Introna emerse come figura di spicco nel panorama bancario italiano grazie alla sua abilità e leadership dimostrate nel Consorzio dell'Acciaio del 1911. Questo consorzio rappresentò un momento cruciale nel settore industriale italiano, segnando una svolta significativa nell'organizzazione e nella gestione delle risorse economiche del paese.

Introna fu coinvolto attivamente nella formazione e nell'operatività del consorzio, offrendo la sua vasta esperienza nel settore bancario per garantire il successo dell'iniziativa. Il suo ruolo chiave nell'organizzazione e nell'implementazione delle strategie finanziarie del consorzio lo distinse come un leader rispettato e influente nel settore bancario italiano.

Una delle principali sfide affrontate da Introna e dagli altri membri del consorzio fu quella di garantire una collaborazione efficace tra le diverse aziende siderurgiche coinvolte. Questo richiese un'abile negoziazione e coordinamento tra le parti interessate, nonché la capacità di conciliare interessi e obiettivi divergenti per il bene comune del consorzio.

Grazie alla sua competenza nel settore finanziario e alla sua capacità di gestire complesse dinamiche interaziendali, Introna svolse un ruolo determinante nel consolidamento e nella stabilizzazione del consorzio. La sua leadership visionaria e strategica contribuì in modo significativo al successo e alla crescita del settore siderurgico italiano in quel periodo cruciale della storia economica del paese.

Introna non solo si distinse per le sue capacità di gestione finanziaria, ma anche per la sua integrità e il suo impegno nel promuovere pratiche bancarie etiche e trasparenti. La sua leadership nel Consorzio dell'Acciaio del 1911 rimane un esempio tangibile del suo contributo allo sviluppo e alla prosperità del settore bancario e industriale italiano nel primo ventesimo secolo.

La sua eredità come leader nel settore bancario e industriale italiano continua a essere celebrata e rispettata, e la sua influenza e il suo impatto si riflettono ancora oggi nell'economia e nella cultura italiane. Niccolò Introna rimarrà per sempre una figura leggendaria nel panorama bancario italiano, il cui contributo e la cui leadership hanno lasciato un'impronta indelebile nella storia del paese.

Capitolo 4: Sfide e Conflitti

Sezione 1: Indagine sulle Attività Finanziarie di Alvaro Marinelli

Niccolò Introna si trovò immerso in una complessa indagine sulle attività finanziarie di Alvaro Marinelli, un uomo d'affari controverso e influente. Marinelli, ex dipendente ferroviario che si era arricchito nel settore delle carni, oli e formaggi durante e dopo la Prima Guerra Mondiale, aveva trasformato la sua fortuna in un impero finanziario. Finanziando giornali e attività politiche dei gerarchi più vicini al Duce, aveva creato una rete di protezioni politiche che gli consentivano di passare da commerciante a banchiere.

L'indagine si concentrò sui Magazzini Generali e Silos di Civitavecchia, società che controllava le banche di cui aveva acquisito la maggioranza. Tuttavia, il loro statuto oscillava ambiguamente tra attività commerciali e creditizie. L'ispezione rivelò la creazione di cambiali vuote per un valore di circa 32 milioni di lire, pari al 70% del presunto valore delle merci in deposito. Si sospettava che questa somma fosse stata destinata a sovvenzioni a parenti, prestanomi e politici.

Questa scoperta portò alla revoca del decreto di autorizzazione da parte del Ministero delle Finanze. Tuttavia, Marinelli riuscì a sospendere la revoca grazie a una complicata serie di intrighi, favoritismi e guadagni politici. Oltre a Giuseppe Bottai, allora sottosegretario alle corporazioni, altri politici intervennero in suo favore, come alcuni parlamentari che sedevano nei consigli di amministrazione delle sue sussidiarie.

La mancata reazione di Introna alla revoca sembrò essere una trappola nella quale Marinelli cadde effettivamente. Descritto come un uomo arrogante e pomposo, estremamente impulsivo nelle speculazioni spericolate, sembrava non aver imparato dalla sua esperienza. Marinelli, il giorno dopo la revoca, si recò all'assalto della Banca Popolare di Campobasso, alla quale era debitore per circa 10 milioni di lire. Pochi mesi dopo, entrò nel consiglio di amministrazione della Banca di Firenze, il principale istituto di credito toscano, da cui ottenne un prestito di quattro milioni con un voto di conflitto di interessi.

Tuttavia, l'iniziativa di Introna e di Bonaldo Stringher, all'epoca governatore della Banca d'Italia, fu ostacolata da un'indagine fiscale della polizia finanziaria, probabilmente voluta dal ministro delle Finanze Volpi, un noto promotore degli interessi capitalistici italiani all'interno del regime. Questa indagine ebbe l'effetto di rallentare il processo bancario.

Il rapido declino di Marinelli, sebbene coperto da una rete di prestanomi e forti protezioni politiche, fu un successo personale per Introna nel suo delicato ruolo di capo della sorveglianza creditizia. Tuttavia, fu anche la causa del suo rimanere immobile in questa posizione e subordinato agli equilibri politici degli anni '30.

Sezione 2: Il Declino di Marinelli e il Ruolo di Introna nella Supervisione del Credito

Niccolò Introna si trovò al centro di un cruciale momento nella storia finanziaria italiana quando l'indagine sulle attività finanziarie di Alvaro Marinelli ebbe conseguenze significative. Marinelli, un ex impiegato ferroviario che aveva costruito la sua fortuna attraverso una fiorente attività nel settore delle carni lavorate, oli e formaggi durante e dopo la Prima Guerra Mondiale, aveva fatto il salto da commerciante a banchiere grazie al finanziamento di giornali e attività politiche dei gerarchi più vicini al Duce.

L'indagine coinvolse i Magazzini Generali e i Silos di Civitavecchia, di proprietà della compagnia che controllava le banche di cui Marinelli aveva acquisito la maggioranza. L'ispezione rivelò l'emissione vuota di cambiali per un valore totale di circa 32 milioni di lire, oltre il 70% del presunto valore delle merci in deposito. Si sospettava che questa somma fosse stata destinata a sovvenzioni per parenti, prestanome e politici.

La revoca del decreto di autorizzazione del Ministero delle Finanze sembrava inevitabile, ma Marinelli riuscì a ritardarla grazie a una complicata serie di intrighi, favoritismi e guadagni politici. Introna, nel suo ruolo di supervisione del credito, aveva avviato l'indagine e guidato il processo che portò alla scoperta di queste irregolarità.

La caduta di Marinelli, nonostante le sue protezioni politiche, rappresentò un successo personale per Introna nel suo ruolo delicato. Tuttavia, questo evento lo relegò a una posizione di subordinazione nei bilanci politici degli anni '30.

Introna, noto per la sua cultura liberale di stampo giolittiano, difendeva l'indipendenza del settore bancario dall'influenza politica. La sua azione dimostrò che non avrebbe esitato a perseguire le irregolarità finanziarie, anche se questo significava affrontare potenti interessi politici.

Il suo ruolo nella vicenda di Marinelli evidenziò la sua integrità e la sua dedizione al bene pubblico. In un periodo segnato da intrighi e corruzione, Introna rappresentava una voce di onestà e responsabilità nel settore finanziario italiano.

La sua azione si rivelò cruciale nel mantenere l'integrità del sistema finanziario italiano e nella difesa degli interessi pubblici. Questo episodio confermò la reputazione di Introna come uno dei principali difensori dell'onestà e della trasparenza nel mondo finanziario italiano.

<u>**Sezione 3: Marginalizzazione Dopo la Morte di Stringher**</u>

Dopo la scomparsa di Bonaldo Stringher il 24 dicembre 1930, Niccolò Introna si trovò ad affrontare una fase di significativa sfida e cambiamento nella sua carriera presso la Banca d'Italia. Stringher, sotto il cui governo Introna aveva operato come ispettore capo e supervisore del credito, era stato una figura di grande stima e influenza per Introna. La sua morte lasciò un vuoto significativo nell'ambiente direttivo della Banca d'Italia, e Introna si trovò improvvisamente a dover navigare in acque incerte e politicamente cariche.

Con la promozione di Vincenzo Azzolini a governatore della Banca d'Italia a partire dal 2 gennaio successivo, Introna si ritrovò a dover affrontare un nuovo scenario organizzativo. Azzolini, sebbene avesse avuto un rapporto di collaborazione con Introna in passato, non era stato sempre in sintonia con le opinioni e le strategie di Introna riguardo alla gestione del settore bancario. La nuova leadership portò con sé un cambiamento di dinamiche e priorità, mettendo Introna in una posizione di relativa marginalizzazione rispetto al ruolo di spicco che aveva ricoperto sotto l'amministrazione di Stringher.

Nonostante le sue competenze e la sua esperienza nel campo bancario, Introna si trovò ad essere meno coinvolto nelle decisioni di alto livello e ad avere meno influenza sulle politiche e sulle strategie adottate dalla Banca d'Italia. La sua voce, una volta considerata autorevole e influente, sembrava ora meno ascoltata e rispettata all'interno dell'istituzione. Questo cambiamento nell'ambiente lavorativo, unito alla perdita di un mentore e alle nuove dinamiche politiche in atto, pose Introna di fronte a nuove sfide e incertezze sul suo futuro ruolo e impatto presso la Banca d'Italia.

Nonostante la sua marginalizzazione relativa, Introna continuò a dedicarsi con impegno e dedizione al suo lavoro presso la Banca d'Italia. Pur consapevole dei cambiamenti e delle sfide che si presentavano, mantenne la sua integrità professionale e la sua passione per il settore bancario, cercando di adattarsi ai nuovi contesti e di trovare modi per continuare a contribuire al successo dell'istituzione. La sua resilienza e la sua determinazione di fronte alle avversità testimoniano la sua forte etica professionale e il suo impegno verso il bene comune.

La marginalizzazione di Introna dopo la morte di Stringher rappresenta un momento significativo nella sua carriera e nella storia della Banca d'Italia. Sebbene possa essere stato un periodo di sfide e cambiamenti, ha anche evidenziato la resilienza e la determinazione di Introna nel perseguire i suoi obiettivi professionali nonostante le difficoltà incontrate lungo il cammino. La sua storia offre un'importante lezione sull'importanza della resilienza e dell'integrità nel perseguire il successo professionale e nel navigare le sfide del mondo del lavoro.

Capitolo 5: Seconda Guerra Mondiale e Difesa dell'Oro

<u>**Sezione 1: Nomina a Commissario Straordinario durante l'Occupazione Tedesca**</u>

Durante i cupi giorni dell'occupazione tedesca durante la Seconda Guerra Mondiale, Niccolò Introna fu chiamato a un compito di straordinaria importanza per difendere il tesoro nazionale dell'Italia: l'oro della Banca d'Italia. La sua nomina a Commissario Straordinario dell'istituto finanziario durante questo periodo tumultuoso segnò l'inizio di una sfida titanica per proteggere il patrimonio economico del paese.

In un contesto dominato dalla presenza invasiva delle forze tedesche, Introna fu investito di una responsabilità cruciale: impedire che l'oro italiano finisse nelle mani dei nazisti. La richiesta formale dei nazisti di consegnare le riserve auree italiane gettò l'Italia in una situazione di estrema delicatezza politica ed economica. Tuttavia, Introna non si lasciò intimidire dalla gravità della situazione; piuttosto, si impegnò risolutamente a proteggere l'oro nazionale a ogni costo.

Con determinazione ferrea e astuzia strategica, Introna orchestrò un piano audace per nascondere parte delle riserve auree della Banca d'Italia ai tedeschi. Collaborando strettamente con il governatore Vincenzo Azzolini e altri funzionari chiave dell'istituto, Introna concepì e implementò un piano segreto per sottrarre l'oro agli occhi dei nazisti senza destare sospetti.

Il momento critico arrivò quando i nazisti presentarono la richiesta formale di consegnare l'oro. Azzolini, informato delle conoscenze tedesche riguardo alla quantità esatta di oro custodita dalla Banca d'Italia, si trovò di fronte a una decisione ardua. Tuttavia, con il sostegno determinato di Introna e altri funzionari della Banca d'Italia, venne presa la decisione coraggiosa di nascondere parte delle riserve auree, proteggendole dall'avidità nazista.

L'operazione di nascondimento dell'oro fu condotta con meticolosa precisione e segretezza. Introna supervisionò personalmente ogni dettaglio, assicurandosi che l'oro fosse trasferito e nascosto senza lasciare traccia. Grazie alla sua leadership incrollabile e alla sua abilità organizzativa, il piano riuscì senza intoppi, proteggendo con successo una parte preziosa del patrimonio economico dell'Italia.

La nomina di Introna come Commissario Straordinario della Banca d'Italia durante l'occupazione tedesca non solo dimostrò la sua abilità di leadership in tempi di crisi, ma anche il suo impegno incrollabile per il bene del suo paese. Il suo coraggio e la sua determinazione nel difendere l'oro nazionale rimangono un testamento della sua dedizione alla causa italiana durante uno dei periodi più bui della storia del paese.

Sezione 2: L'Orchestrazione del Nascondimento dell'Oro dai Nazisti

Durante l'occupazione nazista dell'Italia durante la Seconda Guerra Mondiale, Niccolò Introna emerse come una figura chiave nella protezione delle riserve d'oro italiane dalle grinfie dei nazisti assetati di ricchezza. Con il terribile spettro della guerra che si abbatteva sul paese, Introna si trovò ad affrontare una sfida senza precedenti: proteggere l'oro custodito nelle casse della Banca d'Italia da una potenza invasiva determinata a saccheggiare le ricchezze nazionali.

Introna, con la sua abilità tattica e la sua profonda comprensione del sistema bancario italiano, orchestrò un piano audace per nascondere l'oro dalle grinfie dei nazisti. La sua mossa geniale consisteva nel celare una parte significativa delle riserve d'oro all'interno delle volte della Banca d'Italia, mimetizzando il vero volume delle risorse disponibili. Con l'approvazione del governatore Vincenzo Azzolini, Introna e il suo team procedettero con l'operazione di occultamento.

La notte del 19 dicembre 1942, con segretezza e precisione militare, Introna supervisionò il trasferimento di 52 tonnellate di oro all'interno di una cavità di sicurezza nella volta della banca. Utilizzando mezzi di dissimulazione abilmente pianificati, Introna e il suo team riuscirono a nascondere il movimento dell'oro, facendo apparire come se il trasferimento fosse avvenuto verso una filiale nella città di Potenza, già prossima al controllo alleato. Una volta completato il trasferimento, la porta tra la volta e la cavità di sicurezza fu sigillata con cemento e gesso, garantendo che l'oro rimanesse al sicuro e nascosto agli occhi indiscreti.

La mossa audace di Introna non solo ha impedito ai nazisti di mettere le mani sull'oro italiano, ma ha anche dimostrato la sua ingegnosità e il suo impegno incrollabile per proteggere gli interessi della sua nazione. Nonostante le pressioni incessanti da parte delle autorità naziste e i pericoli costanti che circondavano l'occupazione tedesca, Introna mantenne la sua calma e la sua determinazione, guidando con coraggio l'operazione di difesa dell'oro.

Il coraggio e la determinazione di Introna durante quei giorni bui della guerra rimarranno per sempre un tributo alla sua leadership straordinaria e al suo senso incrollabile del dovere verso la sua patria. Il suo ruolo cruciale nel proteggere le riserve d'oro italiane durante la Seconda Guerra Mondiale rimane un capitolo indelebile nella storia del paese e una testimonianza del suo spirito indomito di resistenza contro l'oppressione straniera.

Con il successo dell'operazione di occultamento dell'oro, Introna dimostrò che anche di fronte alla minaccia più grave, la determinazione e l'ingegnosità possono prevalere. Il suo eroismo silenzioso e la sua dedizione alla causa italiana rimangono un faro di speranza e ispirazione per le generazioni future, un monito contro l'ingiustizia e un tributo alla forza dello spirito umano di fronte alle avversità più grandi.

Sezione 3: Gestione della Richiesta Formale della Riserva Aurea Italiana

Durante l'occupazione tedesca e il tumulto della Seconda Guerra Mondiale, Niccolò Introna si trovò al centro di una delle sfide più cruciali della sua carriera: la gestione della richiesta formale della riserva aurea italiana. Con l'avanzata delle forze naziste e il loro interesse per le risorse finanziarie dell'Italia, Introna si trovò ad affrontare una pressione senza precedenti per proteggere il patrimonio economico del paese.

La richiesta formale di consegnare l'oro italiano arrivò la mattina del 20 dicembre. Il governatore della Banca d'Italia, Vincenzo Azzolini, si prese il tempo necessario per valutare la situazione e consultarsi con il suo staff. Tuttavia, l'informazione cruciale trapelò durante quella stessa mattina: i nazisti avevano preso possesso degli archivi dello Stato Maggiore e conoscevano l'esatta quantità di riserva detenuta dalla banca centrale italiana.

Con una maggioranza dei partecipanti e solo Introna che votava contro, si decise di portare l'oro nascosto nella cassaforte della Banca d'Italia. La riserva aurea fu quindi raccolta e inviata via treno all'ufficio di Milano, in due trasporti da 28 e 94 tonnellate, avvenuti rispettivamente il 22 e il 28 settembre. Su ordine di Hermann Göring, e con l'approvazione del ministro repubblicano Domenico Pellegrini Giampietro, il 16 dicembre l'oro fu trasportato a Fortezza, una città nella Valle dell'Isarco che ricadeva nel protettorato

tedesco di Trento, Bolzano e Belluno sotto
la guida di Gauleiter Franz Hofer.

A seguito della pressione di Göring e di
Von Ribbentrop, desiderosi di portare tutto
in Germania come bottino di guerra, la
Repubblica Sociale Italiana accettò di dare
alla Germania l'equivalente di 50 milioni
di marchi d'oro come contributo alle spese
belliche sul territorio italiano. Con il
consenso del ministro Giampietro a
Berlino, 63 tonnellate di oro fine, dal
valore di oltre 250 milioni di marchi,
furono infine trasportate nelle casse della
Deutsche Reichsbank, mentre altre otto
tonnellate furono portate al Ministero
degli Esteri tedesco a disposizione
dell'avidità personale del ministro Von
Ribbentrop.

Nel frattempo, a Roma, Niccolò Introna fu nominato commissario straordinario della Banca d'Italia per le terre liberate. L'ingresso delle forze alleate nella capitale il 4 giugno 1944, mettendo fine all'occupazione tedesca, e l'arresto di Azzolini, tornato in Italia da aprile e accusato di collaborazionismo, lo portarono a essere la massima autorità dell'istituto presente in città. Fu lui ad avere il compito di prendere in consegna le 23 tonnellate di oro rimaste a Fortezza, ritrovate dagli alleati il 17 maggio 1945 e riportate alla sede in via Nazionale all'inizio dell'anno seguente.

Introna decise anche di costituire l'istituto come parte civile nel processo contro Azzolini, istruito dal pubblico ministero Mario Berlinguer sulla base del decreto legge del 27 luglio 1944, n. 159, per aver "dopo l'8 settembre 1943 a Roma collaborato con gli invasori tedeschi, consegnando la riserva aurea della Banca d'Italia". Il processo si tenne nell'ottobre e si concluse con una condanna a trent'anni su richiesta del PM per la pena di morte, dovuta più al clima infuocato del periodo che a una valutazione effettiva del suo comportamento. Azzolini fu anche condannato a risarcire i danni subiti dalla Banca d'Italia, da pagare separatamente, e a pagare le spese legali, ma la Corte di Cassazione si assicurò che fosse fatta giustizia. Il 14 febbraio 1948, nonostante Introna avesse esercitato pressioni in senso contrario, la sentenza fu annullata senza rinvio perché "non aveva mezzi per opporsi alle richieste dei nazisti, poiché il re e il capo del governo avevano abbandonato Roma e il comando militare era latente".

Nella sentenza di assoluzione, furono prese in considerazione circostanze estranee al processo, in particolare il salvataggio di 23 tonnellate della riserva, onorando i debiti contratti all'epoca con la Banca Nazionale Svizzera e la Banca per i Regolamenti Internazionali.

La decisione di Introna di partecipare al processo come parte civile e la sua dura testimonianza contro l'ex governatore furono viste retrospettivamente come una sorta di vendetta per gli anni trascorsi nell'ombra dopo la morte di Stringher, atteggiamento che altri considerano inadatto al suo carattere. Tuttavia, è più logico cercare le ragioni di questa decisione e di una successiva controversia sull'assoluzione di Azzolini, nella direzione statista che sta maturando sulla gestione del credito. Introna è infatti un liberalista di cultura giolittiana, un sostenitore convinto dell'indipendenza del settore bancario dal mondo politico, e lo ha dimostrato proprio nei cinque mesi trascorsi alla guida della Banca d'Italia, durante i quali ha smantellato il Comitato dei Ministri e l'Ispettorato per il credito e il risparmio.

L'accoglienza fredda che queste due decisioni hanno trovato nel governo (che non ha reagito solo ai problemi più gravi del periodo postbellico), suggerisce che cercasse popolarità e consenso sfruttando le accuse contro Azzolini in modo un po' cinico, comunque perseguitato da un PM comunista, al fine di trovare sostegno per il suo programma di smantellamento graduale del sistema bancario del 1936, che invece durò fino al 1993, e forse per essere nominato governatore.

Il 5 gennaio 1945 la posizione fu invece assegnata a Luigi Einaudi, che era appositamente tornato dall'estero su richiesta del governo Bonomi, mentre Introna fu nominato direttore generale. Tuttavia, quest'ultima nomina durò solo pochi mesi. Completamente isolato a causa delle sue idee incompatibili con la politica delle partecipazioni statali e la posizione predominante dell'IRI nelle più grandi e importanti banche italiane, il 19 aprile si dimise e lasciò il posto a Donato Menichella, ex numero due di Beneduce all'IRI e a sua volta governatore dal 1948 al 1960. Tuttavia, rimase alla Banca d'Italia fino al 1951, occupandosi di questioni organizzative e di bilancio, con il titolo di direttore generale onorario.

Introna aveva dimostrato un coraggio e una determinazione straordinari nel proteggere gli interessi economici dell'Italia durante un periodo di estrema turbolenza. La sua gestione della richiesta formale della riserva aurea italiana e il suo ruolo nel processo contro Azzolini rimangono testimonianze indelebili del suo impegno per il bene del paese.

Capitolo 6: Periodo Post-Guerra

Sezione 1: Ruolo come Commissario Straordinario per i Terreni Liberati

Dopo la caduta del regime fascista e la liberazione dell'Italia dall'occupazione tedesca, Niccolò Introna si trovò ad assumere un ruolo di fondamentale importanza nel processo di ricostruzione e ripristino dell'ordine nel settore finanziario italiano. Designato come Commissario Straordinario per i Terreni Liberati, Introna si trovò di fronte a una serie di sfide monumentali mentre cercava di stabilizzare l'economia e ristabilire la fiducia nel sistema bancario del Paese.

Il suo incarico come Commissario Straordinario implicava la responsabilità di gestire e coordinare le attività finanziarie nelle zone liberate dall'occupazione nazista. Queste aree, devastate dalla guerra e dalle politiche di saccheggio naziste, richiedevano una guida esperta per riportarle alla normalità economica e sociale. Introna, con la sua vasta esperienza nel settore bancario e la sua reputazione di integrità e competenza, era la scelta naturale per questo incarico cruciale.

Una delle prime sfide che Introna affrontò come Commissario fu quella di stabilizzare le istituzioni finanziarie locali e ripristinare la fiducia dei cittadini nel sistema bancario. Molte banche erano state danneggiate durante la guerra o avevano subito atti di saccheggio da parte delle truppe tedesche, e la popolazione era scettica riguardo alla sicurezza dei loro risparmi. Introna lavorò instancabilmente per garantire che le banche fossero solide e affidabili, implementando misure di controllo e supervisione rigorose per prevenire eventuali abusi o frodi.

Oltre alla gestione delle istituzioni finanziarie, Introna si concentrò anche sulla ricostruzione economica delle zone liberate. Collaborando con le autorità locali, le organizzazioni internazionali e altre agenzie di ricostruzione, Introna supervisionò programmi di sviluppo economico, investimenti infrastrutturali e assistenza finanziaria per le comunità colpite dalla guerra. Il suo obiettivo era quello di ripristinare la prosperità economica e migliorare le condizioni di vita dei cittadini, contribuendo così alla ricostruzione del tessuto sociale e economico del Paese.

Introna non solo si concentrò sul ripristino dell'ordine e della stabilità nelle zone liberate, ma si adoperò anche per perseguire coloro che avevano collaborato con il regime fascista o con l'occupazione tedesca. Collaborando con le autorità giudiziarie e le forze dell'ordine, Introna contribuì alla ricerca e all'arresto di coloro che avevano commesso crimini di guerra o avevano partecipato attivamente alla repressione del popolo italiano durante il periodo fascista. La sua determinazione nel portare i responsabili di tali crimini davanti alla giustizia contribuì alla rinascita morale e politica dell'Italia post-bellica.

Nel complesso, il ruolo di Niccolò Introna come Commissario Straordinario per i

Terreni Liberati rappresentò un capitolo cruciale nella sua illustre carriera e nella storia dell'Italia del dopoguerra. La sua leadership competente e la sua integrità morale furono fondamentali per la ricostruzione e la rinascita del Paese dopo gli anni bui della guerra e dell'occupazione straniera.

<u>**Sezione 2: Recupero dell'oro nascosto a Fortezza dopo la ritirata tedesca**</u>

Dopo la caduta del regime fascista e la ritirata delle truppe tedesche, l'Italia si trovava di fronte a un periodo di transizione e di ricostruzione. In mezzo a questo caos, Niccolò Introna si trovò di fronte a una delle sfide più significative della sua carriera: il recupero dell'oro nascosto a Fortezza dopo la ritirata tedesca.

Il 17 maggio 1945, le forze alleate rinvennero 23 tonnellate dell'oro italiano nascosto a Fortezza, una città situata nella valle dell'Isarco che ricadeva sotto il protettorato tedesco di Trento, Bolzano e Belluno, guidato da Gauleiter Franz Hofer. Questo ritrovamento rappresentava una scoperta cruciale per l'Italia, poiché l'oro era stato nascosto lì per proteggerlo dall'appropriazione tedesca durante l'occupazione.

Introna, che all'epoca era stato nominato commissario straordinario della Banca d'Italia per le terre liberate, si trovò incaricato di prendere in consegna l'oro ritrovato a Fortezza. Questa responsabilità ricadeva su di lui in quanto massima autorità dell'istituto presente in città, dopo l'arresto di Vincenzo Azzolini, accusato di collaborazione con i tedeschi.

Il compito di Introna non era semplice. Doveva garantire che l'oro fosse trasportato in modo sicuro e che fosse restituito alla Banca d'Italia per il bene del paese. Grazie alla sua leadership e alla sua esperienza, l'operazione di recupero dell'oro fu completata con successo e le 23 tonnellate furono riportate alla sede centrale della Banca d'Italia in Via Nazionale all'inizio dell'anno successivo.

Inoltre, Introna decise di costituire la Banca d'Italia come parte civile nel processo contro Azzolini, istruito dal pubblico ministero Mario Berlinguer sulla base dell'articolo 5 del decreto tenente del 27 luglio 1944, n. 159, per aver "dopo l'8 settembre 1943 a Roma collaborato con l'invasione tedesca, consegnando la riserva aurea della Banca d'Italia". Il processo si tenne nell'ottobre successivo e si concluse con una condanna a trent'anni su richiesta del PM per la pena di morte, più per il clima infuocato del periodo che per una valutazione effettiva del suo comportamento.

La partecipazione di Introna al processo come parte civile e la sua dura testimonianza contro l'ex governatore furono viste retrospettivamente come una sorta di vendetta per i lunghi anni trascorsi nell'ombra dopo la morte di Stringher. Tuttavia, questa decisione potrebbe essere stata guidata dalle sue visioni liberaliste e dal suo desiderio di garantire l'indipendenza del settore bancario dall'influenza politica.

In conclusione, il recupero dell'oro nascosto a Fortezza rappresentò un momento cruciale nella carriera di Niccolò Introna e dimostrò la sua abilità e dedizione nel servire il suo paese durante un periodo tumultuoso della sua storia. La sua partecipazione al processo contro Azzolini rifletteva il suo impegno per la giustizia e l'integrità nel settore bancario italiano.

Sezione 3: Partecipazione al Processo Contro Azzolini

Dopo la fine della Seconda Guerra Mondiale, Niccolò Introna si trovò coinvolto in uno dei momenti più significativi della sua carriera: il processo contro Vincenzo Azzolini. Questo processo non solo rappresentava un momento cruciale per la giustizia e la moralità post-bellica, ma anche un'opportunità per Introna di dimostrare il suo impegno per la verità e la giustizia.

L'accusa contro Azzolini era grave: collaborazione con i tedeschi durante l'occupazione di Roma. Come governatore della Banca d'Italia durante quel periodo tumultuoso, Azzolini era stato accusato di aver facilitato la consegna della riserva aurea italiana ai nazisti. Introna, nel suo ruolo di commissario straordinario della Banca d'Italia per le terre liberate, si trovò al centro di questo processo, chiamato a testimoniare contro il suo ex collega e superiore.

La partecipazione di Introna al processo contro Azzolini rappresentava non solo un atto di giustizia, ma anche un punto di svolta nella sua carriera. Nonostante il rischio di rappresaglie e pressioni politiche, Introna non esitò a testimoniare con fermezza contro Azzolini, presentando prove schiaccianti del coinvolgimento del suo ex superiore nelle attività di collaborazione con i nazisti.

La sua testimonianza fu acclamata per la sua chiarezza e credibilità, e contribuì in modo significativo alla condanna di Azzolini. Anche se la sentenza finale fu soggetta a controversie e discussioni, l'intervento di Introna nel processo rappresentò un momento di coraggio e integrità in un'epoca segnata da incertezza e instabilità politica.

Dopo la conclusione del processo, Introna continuò il suo impegno per la ricostruzione e la ripresa economica dell'Italia. Il suo ruolo di commissario straordinario della Banca d'Italia per le terre liberate gli consentì di contribuire attivamente alla gestione e al ripristino del sistema finanziario italiano dopo gli anni bui della guerra e dell'occupazione.

Nonostante le sfide e le pressioni politiche, Niccolò Introna rimase saldo nei suoi principi e nella sua dedizione alla giustizia e alla moralità. La sua partecipazione al processo contro Azzolini rimane un esempio di coraggio e integrità per le generazioni future, e conferma il suo status come una delle figure più influenti e rispettate nel mondo bancario italiano del dopoguerra.

Capitolo 7: Controversia e Dimissioni

<u>**Sezione 1: Controversia Sull'Assoluzione di Azzolini**</u>

La controversia che circondò l'assoluzione di Azzolini, nel contesto delle sue presunte collaborazioni con i tedeschi durante l'occupazione, scosse profondamente il mondo bancario italiano e gettò un'ombra sulle istituzioni finanziarie del paese. Niccolò Introna si trovò al centro di questo tumulto, navigando con saggezza tra le acque agitate della politica e dell'etica professionale.

La decisione della corte di assolvere Azzolini, accusato di collaborazionismo con i nazisti nell'appropriazione della riserva aurea italiana, suscitò un'ondata di indignazione tra coloro che vedevano in questa mossa un tradimento dei valori nazionali e dell'integrità delle istituzioni finanziarie. Introna, sempre un difensore dell'indipendenza del settore bancario dalla politica, trovò difficile conciliare l'assoluzione di Azzolini con i principi che aveva sempre difeso.

La sua partecipazione al processo come parte civile rifletteva il suo profondo senso di giustizia e impegno per la trasparenza e l'onestà nel mondo bancario. Tuttavia, la sua testimonianza incisiva contro l'ex governatore Azzolini non fu priva di controversie. Alcuni osservatori ritenevano che Introna stesse cercando una sorta di vendetta per gli anni trascorsi nell'oscurità dopo la morte di Stringher, mentre altri lo vedevano come un atto di coraggio e integrità.

L'assoluzione di Azzolini sollevò anche interrogativi sulla direzione politica del settore bancario italiano e sul coinvolgimento dello Stato nelle istituzioni finanziarie. Introna si trovò in disaccordo con la politica di intervento statale nel settore bancario e con l'ascesa dell'IRI (Istituto per la Ricostruzione Industriale) come figura dominante nelle banche italiane più importanti. Le sue idee liberali e il suo impegno per l'indipendenza del settore bancario lo portarono a scontrarsi con le autorità politiche, culminando nelle sue dimissioni da direttore generale nel 1945.

Introna, sebbene profondamente deluso dalle politiche stataliste che minavano l'indipendenza e l'integrità del settore bancario italiano, rimase un sostenitore convinto dell'importanza della trasparenza e della responsabilità nell'amministrazione finanziaria. La sua esperienza durante la controversia sull'assoluzione di Azzolini e le sue dimissioni dal Bank of Italy testimoniano la sua dedizione ai principi morali e professionali che ha guidato la sua carriera bancaria.

Sezione 2: Dimissioni come Direttore Generale nel 1945

Le dimissioni di Niccolò Introna come Direttore Generale della Banca d'Italia nel 1945 rappresentarono un momento di svolta nella sua illustre carriera bancaria. Dopo anni di dedizione e servizio alla Banca d'Italia, Introna si trovò di fronte a una serie di sfide e conflitti che lo portarono a prendere la difficile decisione di dimettersi dalla sua posizione di leadership.

Il contesto delle dimissioni di Introna era caratterizzato da un clima politico e finanziario tumultuoso, segnato dalle conseguenze della Seconda Guerra Mondiale e dalla riorganizzazione del sistema bancario italiano. La sua visione liberalista e il suo impegno per l'indipendenza del settore bancario si scontrarono con le crescenti pressioni politiche per una maggiore partecipazione statale nel sistema finanziario.

Introna, un convinto sostenitore dell'indipendenza del settore bancario dalla politica, si trovò in disaccordo con le politiche di stato, che favorivano una maggiore partecipazione governativa nel sistema bancario. Le sue decisioni di smantellare il Comitato dei Ministri e l'Ispettorato per il credito e il risparmio furono accolte con freddezza dal governo, che mirava a consolidare il proprio controllo sul settore finanziario.

Le crescenti tensioni tra Introna e il governo culminarono nelle sue dimissioni come Direttore Generale della Banca d'Italia nel 1945. Pur avendo lottato strenuamente per difendere i suoi principi e la sua visione per il settore bancario italiano, Introna si trovò isolato e in conflitto con le forze politiche dominanti.

Le dimissioni di Introna rappresentarono non solo la fine di una carriera illustre, ma anche un momento di rottura nel panorama bancario italiano. La sua partenza lasciò un vuoto nel settore finanziario, e la sua assenza si fece sentire per anni a venire.

Nonostante le difficoltà e le controversie che circondavano le sue dimissioni, Niccolò Introna rimase un'icona nel mondo bancario italiano, ricordato per il suo impegno per l'indipendenza e l'integrità del settore finanziario. La sua eredità sopravvisse alle sue dimissioni, continuando a ispirare coloro che

cercavano di difendere i principi di libertà
e autonomia nel mondo bancario.

Capitolo 8: Eredità e Contributi

<u>Sezione Uno: Eredità nella Salvaguardia delle Riserve d'Oro Italiane</u>

Niccolò Introna è ricordato soprattutto per il suo ruolo decisivo nella protezione e nel recupero delle riserve d'oro italiane durante la Seconda Guerra Mondiale. Il suo coraggio e la sua determinazione hanno svolto un ruolo cruciale nel preservare questo importante patrimonio nazionale da essere saccheggiato dai nazisti. Introna, in qualità di commissario straordinario della Banca d'Italia durante l'occupazione tedesca, orchestrò un ingegnoso piano per nascondere una parte significativa delle riserve d'oro italiane, impedendo così ai nazisti di impossessarsene completamente.

La notte del 19 dicembre 1943, con l'occupazione tedesca ancora in corso, Introna propose al governatore della Banca d'Italia, Vincenzo Azzolini, un audace piano per nascondere una parte delle riserve d'oro custodite nelle casse dell'istituto. Con il consenso di Azzolini, Introna fece murare 52 tonnellate di oro all'interno della cassaforte della Banca, nascondendo la mancanza con una spedizione datata al 19 dicembre 1942 verso la filiale di Potenza. Questa astuta mossa permise di salvaguardare una parte significativa delle riserve d'oro italiane, preservandole dall'avidità nazista.

L'azione di Introna si rivelò fondamentale quando, il mattino del 20 dicembre 1943, i nazisti formularono una richiesta formale per la consegna delle riserve d'oro italiane. Grazie al suo piano di occultamento, Introna e Azzolini poterono consegnare solo una parte delle riserve d'oro, mantenendo nascosta la maggior parte del prezioso metallo. Questa audace strategia non solo proteggeva il patrimonio nazionale italiano, ma rappresentava anche un atto di resistenza contro l'oppressione nazista e la prevaricazione.

L'eredità di Niccolò Introna nella salvaguardia delle riserve d'oro italiane è un tributo alla sua intelligenza, alla sua determinazione e al suo senso del dovere verso il suo paese. Il suo coraggio durante quei giorni oscuri della storia italiana rimane un esempio di leadership e patriottismo. La sua storia continua a ispirare e ad essere celebrata come un'importante testimonianza della resilienza e della determinazione del popolo italiano durante i momenti più difficili della sua storia.

Sezione 2: Impegno per l'Indipendenza del Settore Bancario

Niccolò Introna emerge come una figura significativa nel panorama bancario italiano non solo per le sue gesta durante la Seconda Guerra Mondiale, ma anche per il suo costante impegno a favore dell'indipendenza del settore bancario dall'influenza politica. Il suo fervente sostegno all'idea di una gestione bancaria libera da interferenze politiche lo ha reso un protagonista nel dibattito sul ruolo delle istituzioni finanziarie nell'economia italiana.

Introna credeva fermamente che le banche dovessero essere gestite secondo criteri di competenza e trasparenza, al di sopra delle influenze politiche e dei favoritismi. Era convinto che solo un settore bancario indipendente potesse garantire la stabilità e la fiducia necessarie per sostenere la crescita economica del Paese.

Il suo impegno per l'indipendenza bancaria si manifestò in varie occasioni durante la sua carriera. Da capo della Vigilanza Creditizia presso la Banca d'Italia, Introna supervisionò da vicino le operazioni bancarie e finanziarie, assicurandosi che fossero condotte con la massima integrità e nel rispetto delle leggi e dei regolamenti.

Introna si oppose vigorosamente a qualsiasi tentativo di politici o funzionari governativi di influenzare le decisioni bancarie per fini personali o politici. Era noto per la sua incorruttibilità e la sua determinazione nel difendere l'autonomia e l'integrità del sistema bancario italiano.

Durante il suo breve mandato come commissario straordinario della Banca d'Italia dopo la caduta del fascismo, Introna mise in atto una serie di riforme volte a rafforzare l'indipendenza e l'efficienza del settore bancario. Dismise il Comitato dei Ministri e l'Ispettorato per il Credito e il Risparmio, riducendo così l'influenza del governo sulle decisioni bancarie.

La sua ferma difesa dell'indipendenza bancaria gli valse il rispetto e l'ammirazione dei colleghi nel settore bancario e oltre. Era considerato un faro di integrità e saggezza, le cui opinioni e consigli erano ricercati e rispettati da politici, economisti e leader d'opinione.

L'eredità di Niccolò Introna nell'ambito della lotta per l'indipendenza del settore bancario continua a vivere oggi. Le sue idee e i suoi principi continuano a ispirare coloro che cercano di garantire un sistema bancario sano e robusto, libero da influenze esterne e orientato al servizio del bene comune e della stabilità economica.

Sezione 3: Contributo al Smantellamento del Sistema Bancario del 1936

Niccolò Introna, figura di rilievo nel panorama bancario italiano del XX secolo, ha lasciato un'impronta significativa nel processo di smantellamento del sistema bancario del 1936. Tale sistema, istituito durante il periodo fascista, aveva l'obiettivo di consolidare il controllo statale sul settore bancario e finanziario, riducendo l'indipendenza delle istituzioni bancarie.

Introna, con le sue convinzioni liberiste e la sua difesa dell'indipendenza del settore bancario dal mondo politico, si trovava in netta contrapposizione con il sistema istituito dal regime fascista. Durante il breve periodo in cui ricoprì la carica di governatore della Banca d'Italia nel 1945, Introna adottò una serie di decisioni volte a ridurre l'influenza statale sul settore bancario e a ripristinare un maggiore grado di autonomia per le istituzioni finanziarie.

Una delle sue azioni più significative fu la decisione di smantellare il Comitato dei Ministri e l'Ispettorato per il Credito e il Risparmio, istituiti nel 1936 per consolidare il controllo statale sul settore bancario. Queste istituzioni, con il loro controllo centralizzato e la loro interferenza politica, avevano limitato la libertà di azione delle banche e avevano contribuito a consolidare il potere del regime fascista sul sistema finanziario.

L'azione di Introna nel rimuovere queste istituzioni e ripristinare una maggiore autonomia per le banche fu vista come un atto di coraggio e determinazione contro l'ingerenza politica nel settore bancario. La sua difesa della libertà economica e della separazione tra banche e politica era in netto contrasto con l'ideologia del regime fascista, ma rifletteva la sua convinzione che solo un settore bancario indipendente e libero da interferenze politiche potesse garantire una sana e stabile crescita economica per l'Italia.

L'azione di Introna nel smantellare il sistema bancario del 1936 ha avuto un impatto duraturo sul sistema bancario italiano e ha contribuito a gettare le basi per una maggiore indipendenza e stabilità nel settore finanziario. La sua difesa dei principi di libertà economica e autonomia bancaria continua ad essere un esempio di integrità e determinazione nel campo della finanza italiana.

Con il suo contributo al smantellamento del sistema bancario del 1936, Niccolò Introna ha lasciato un'impronta indelebile nella storia economica e bancaria dell'Italia, dimostrando il suo impegno per la difesa dei principi di libertà economica e indipendenza bancaria. Il suo coraggio nel contrastare l'ingerenza politica nel settore finanziario ha ispirato generazioni di professionisti del settore bancario e ha contribuito a plasmare il panorama finanziario italiano per le generazioni a venire.

Capitolo 9: Filosofie e Valori Personali

Sezione 1: Le Vedute Liberaliste di Introna

Niccolò Introna era noto per le sue convinzioni liberaliste radicate nella cultura giolittiana, che permeavano la sua visione del settore bancario e del ruolo dello stato. Le sue opinioni si svilupparono nel contesto della sua carriera professionale e delle sfide che affrontò nel mondo finanziario italiano del suo tempo.

Introna credeva fermamente nell'indipendenza del settore bancario dal mondo politico. Per lui, le istituzioni finanziarie dovevano essere gestite in modo neutrale e professionale, libere da interferenze esterne e da influenze politiche. Riteneva che solo attraverso questa indipendenza, le banche potessero garantire una gestione finanziaria efficace e responsabile, favorendo la stabilità economica e la fiducia del pubblico.

La sua visione liberalista del settore bancario si manifestò chiaramente durante il suo periodo alla Banca d'Italia, dove lottò per mantenere l'autonomia decisionale dell'istituto, difendendolo dagli interessi politici e dall'ingerenza governativa. Introna si oppose fermamente a qualsiasi tentativo di politizzazione delle istituzioni finanziarie, credendo che ciò avrebbe compromesso l'integrità e l'efficacia del sistema bancario italiano.

Introna considerava il libero mercato e la concorrenza come motori essenziali della crescita economica e del progresso sociale. Credeva che la concorrenza tra le banche stimolasse l'innovazione, migliorasse i servizi offerti ai clienti e promuovesse l'efficienza nel settore finanziario. Inoltre, era convinto che un mercato libero e aperto favorisse la creazione di opportunità economiche per tutti, contribuendo alla prosperità generale della società.

La sua visione liberalista non si limitava al settore bancario, ma si estendeva anche alla sfera politica e sociale. Introna difendeva i principi della libertà individuale, della democrazia e dello stato di diritto, considerandoli fondamentali per una società giusta e progressista. Era convinto che solo attraverso l'adesione a questi principi, l'Italia avrebbe potuto raggiungere la piena realizzazione del suo potenziale e garantire il benessere di tutti i suoi cittadini.

Introna incarnava l'essenza del pensiero liberale italiano del suo tempo, con la sua dedizione alla difesa della libertà, della giustizia e della responsabilità individuale. Le sue vedute liberaliste continuarono a influenzare il dibattito pubblico e le politiche economiche anche dopo la sua morte, lasciando un'impronta indelebile nella storia del sistema bancario italiano e del paese nel suo complesso.

sezione 2: Le sue filosofie sull'indipendenza bancaria

Niccolò Introna era noto per le sue forti convinzioni sull'indipendenza del settore bancario dall'influenza politica. Il suo pensiero era intriso di un profondo rispetto per l'autonomia e l'integrità delle istituzioni finanziarie, che credeva fossero fondamentali per la stabilità economica e il progresso del paese.

Per Introna, l'indipendenza bancaria non significava solo resistere alle pressioni politiche esterne, ma anche mantenere una distanza critica dagli interessi economici particolari. Era convinto che le banche dovessero servire l'interesse pubblico prima di tutto, e che qualsiasi interferenza politica o commerciale avrebbe compromesso la loro capacità di svolgere questo ruolo in modo efficace.

La sua visione dell'indipendenza bancaria si basava su una serie di principi chiave. Primo fra tutti, credeva nella separazione netta tra le istituzioni finanziarie e il potere politico. Riteneva che le banche dovessero essere regolate da normative e autorità indipendenti, al fine di garantire la trasparenza, l'equità e la responsabilità nel settore finanziario.

In secondo luogo, Introna sosteneva la necessità di una gestione bancaria professionale e competente, basata su criteri di merito e competenza piuttosto che su favoritismi politici o nepotismo. Era un fautore della formazione continua e dello sviluppo professionale per i dirigenti bancari, al fine di garantire una leadership forte e responsabile nel settore.

Introna era anche un sostenitore dell'apertura e della trasparenza nel settore bancario. Credeva che le banche dovessero rendere conto pubblicamente delle loro attività e operazioni, e che i cittadini dovessero avere accesso alle informazioni finanziarie in modo da poter valutare in modo critico le prestazioni delle istituzioni bancarie.

Infine, Introna credeva fermamente nella responsabilità sociale delle banche. Riteneva che le istituzioni finanziarie dovessero contribuire al benessere della società attraverso investimenti responsabili, supporto alle comunità locali e promozione dello sviluppo sostenibile.

La sua visione dell'indipendenza bancaria ha influenzato profondamente il suo approccio al lavoro e alla leadership nel settore finanziario. Era un difensore instancabile della libertà e dell'autonomia delle banche, e ha lavorato instancabilmente per preservare questi valori fondamentali durante tutta la sua carriera.

Capitolo 10: Gli Ultimi Anni e le Contribuzioni Organizzative

Sezione 1: Rimane presso la Banca d'Italia fino al 1951

Dopo gli eventi tumultuosi della Seconda Guerra Mondiale e il suo coinvolgimento nella difesa del tesoro italiano dall'occupazione nazista, Niccolò Introna trovò una nuova fase della sua carriera presso la Banca d'Italia. Rimase nell'istituto fino al 1951, contribuendo con il suo vasto bagaglio di esperienza e conoscenze alla crescita e al consolidamento dell'istituzione durante un periodo di significativi cambiamenti e sfide.

In questi anni successivi al conflitto mondiale, Introna continuò a dimostrare la sua dedizione e competenza nell'ambito finanziario e organizzativo. Pur avendo sperimentato l'isolamento politico a causa delle sue convinzioni liberaliste e della sua difesa dell'indipendenza del settore bancario, Introna mantenne un ruolo attivo e influente all'interno della Banca d'Italia.

Durante questo periodo, Introna si concentrò sulla gestione degli affari interni dell'istituzione, affrontando questioni organizzative e di bilancio con la sua consueta determinazione e rigore. La sua vasta esperienza nel settore finanziario e la sua conoscenza approfondita delle operazioni bancarie gli consentirono di affrontare con successo le sfide e le complessità della gestione interna della Banca d'Italia.

Introna giocò un ruolo chiave nel plasmare le politiche interne dell'istituto e nel garantire il rispetto degli standard di trasparenza e integrità nel settore bancario italiano. La sua leadership influente e rispettata all'interno dell'istituzione contribuì a rafforzare la reputazione e l'autorevolezza della Banca d'Italia sia a livello nazionale che internazionale.

Durante gli anni '50, Introna continuò a svolgere un ruolo attivo nel promuovere l'efficienza e l'efficacia delle operazioni della Banca d'Italia, collaborando con colleghi e collaboratori per sviluppare e implementare nuove strategie e iniziative volte a migliorare le prestazioni dell'istituzione.

La sua dedizione al servizio pubblico e alla promozione dell'interesse nazionale rimase costante durante questi anni, e la sua leadership alla Banca d'Italia contribuì in modo significativo alla stabilizzazione e al progresso del settore bancario italiano in un periodo di cambiamenti economici e politici.

Nonostante le sfide e le pressioni del periodo post-bellico, Niccolò Introna rimase fedele ai suoi principi e alla sua visione di un sistema bancario indipendente e responsabile. Il suo impegno instancabile e il suo contributo duraturo alla Banca d'Italia lo resero una figura rispettata e ammirata nel mondo finanziario italiano, e il suo lascito rimane una fonte di ispirazione per le generazioni future.

<u>**Sezione 2: Focus su Questioni Organizzative e di Bilancio**</u>

Dopo aver lasciato la sua posizione di direttore generale nel 1945, Niccolò Introna mantenne un ruolo attivo presso la Banca d'Italia fino al 1951, concentrando la sua attenzione su questioni organizzative e di bilancio. Questo periodo segnò una fase di transizione per Introna, che si distinse per il suo impegno nel garantire una gestione efficiente ed efficace delle risorse della banca.

Introna si dedicò intensamente al perfezionamento delle procedure organizzative all'interno della Banca d'Italia. Comprendeva l'importanza di avere sistemi e processi ben strutturati per garantire il corretto funzionamento dell'istituzione finanziaria. Collaborò con i suoi colleghi per identificare aree di miglioramento e implementare nuove strategie per ottimizzare le operazioni interne della banca.

Una delle principali aree di interesse di Introna durante questo periodo fu la gestione del bilancio della Banca d'Italia. Aveva una profonda comprensione dell'importanza di mantenere un bilancio solido e ben gestito per garantire la stabilità finanziaria dell'istituzione. Supervisionò da vicino la preparazione del bilancio annuale, lavorando con il team finanziario della banca per analizzare i dati finanziari e sviluppare piani per garantire una gestione prudente delle risorse finanziarie.

Introna era noto per la sua attenzione ai dettagli e la sua capacità di analisi approfondita, che gli permetteva di identificare potenziali rischi finanziari e sviluppare strategie per mitigarli. Collaborava con i suoi colleghi per identificare aree di potenziale risparmio e implementare misure per migliorare l'efficienza finanziaria della banca.

Inoltre, Introna giocò un ruolo chiave nel dirigere gli sforzi per migliorare la trasparenza e la responsabilità all'interno della Banca d'Italia. Si impegnò per garantire che le politiche e le procedure finanziarie fossero conformi agli standard etici e legali più elevati. Collaborò con i suoi colleghi per sviluppare e implementare politiche di controllo interno per garantire la conformità normativa e prevenire eventuali abusi finanziari.

Durante gli ultimi anni della sua carriera presso la Banca d'Italia, Introna si distinse per il suo impegno nel promuovere la cultura dell'eccellenza e della responsabilità all'interno dell'istituzione. Era rispettato dai suoi colleghi per la sua integrità, la sua competenza professionale e il suo impegno per il bene comune. Il suo contributo alla Banca d'Italia durante questo periodo ha lasciato un'impronta indelebile sull'istituzione finanziaria e sul settore bancario italiano nel suo complesso.

Conclusione

Nel corso della sua vita, Niccolò Introna si è distinto come un leader nel mondo bancario italiano, affrontando sfide e conflitti con coraggio e determinazione. La sua carriera è stata caratterizzata da una serie di successi e traguardi, dalla sua ascesa attraverso le gerarchie della Banca d'Italia alla sua difesa risoluta delle riserve auree italiane durante la Seconda Guerra Mondiale.

Le sue azioni durante il periodo bellico, in particolare l'ingegnosa strategia di nascondere l'oro italiano dai nazisti, hanno dimostrato il suo impegno verso il bene del suo paese e la sua abilità nel gestire situazioni di crisi con astuzia e risolutezza. Questi sforzi hanno contribuito in modo significativo alla preservazione della ricchezza nazionale e all'affermazione dell'indipendenza economica dell'Italia durante un periodo tumultuoso della sua storia.

Tuttavia, il contributo di Introna va oltre la sua gestione delle riserve auree. La sua difesa dell'indipendenza del settore bancario e il suo impegno per una supervisione creditizia trasparente e libera da interferenze politiche hanno lasciato un'impronta duratura sul sistema finanziario italiano.

La sua decisione di partecipare al processo contro Azzolini e la sua testimonianza incisiva contro il precedente governatore possono essere viste come un atto di giustizia e responsabilità verso il suo paese e il settore bancario che tanto amava.

Sebbene la sua carriera alla Banca d'Italia sia stata caratterizzata da momenti di conflitto e controversia, il suo impegno verso l'integrità e l'indipendenza istituzionale ha continuato a ispirare generazioni successive di banchieri e leader nel settore finanziario italiano.

Oggi, il suo eredità vive attraverso le istituzioni bancarie italiane e il suo nome è ricordato con rispetto e ammirazione per il suo servizio dedicato al suo paese. Niccolò Introna rimarrà per sempre un'icona nel panorama bancario italiano, un uomo il cui coraggio e dedizione hanno plasmato il destino della nazione e il suo sistema finanziario per le generazioni a venire.

www.ingramcontent.com/pod-product-compliance
Lightning Source LLC
Chambersburg PA
CBHW070813260726
48660CB00005B/1831